l'art ancien et moderne
DEUXIÈME SÉRIE — ART MODERNE

Gustave GEFFROY

Eugène Delacroix

à la Chambre des Députés

LES PEINTURES D'EUGÈNE DELACROIX

A LA

BIBLIOTHÈQUE DE LA CHAMBRE DES DÉPUTÉS

ÉTUDES D'ART ANCIEN ET MODERNE
Deuxième Série. — Art moderne.

LES PEINTURES D'EUGÈNE DELACROIX

A LA

BIBLIOTHÈQUE DE LA CHAMBRE DES DÉPUTÉS

PAR

GUSTAVE GEFFROY

PARIS
LIBRAIRIE DE L'ART ANCIEN ET MODERNE
ANCIENNE MAISON J. ROUAM ET Cie
60, Rue Taitbout, 60

1903

LES PEINTURES D'EUGÈNE DELACROIX

A LA BIBLIOTHÈQUE DE LA CHAMBRE DES DÉPUTÉS[1]

I

Il y a deux séries de documents, importants entre tous, pour connaître la genèse des peintures décoratives exécutées à la Bibliothèque du Palais-Bourbon par Eugène Delacroix. La première est dans les *Lettres d'Eugène Delacroix* (1815-1863), recueillies et publiées par Philippe Burty, dont la première édition parut en 1878, dont une nouvelle édition, revue et augmentée, parut en 1880. La seconde est dans le *Journal d'Eugène Delacroix* (1823-1863), publié en trois volumes par MM. Paul Flat et René Piot, en 1893.

Tout d'abord, il importe de dire à quelle époque fut exécuté cet ensemble décoratif et en quoi il consiste. Il prit neuf années de travail à Delacroix, de 1838 à 1847, et se compose de deux hémicycles et de cinq coupoles, divisées chacune en quatre pendentifs. MM. Paul Flat et René Piot en ont dressé le catalogue, et je ne peux que leur emprunter leur liste et leurs indications, parfaitement résumées. Les deux hémicycles sont peints sur la muraille préparée à la cire. Ils représentent : le premier, *Orphée apportant la civilisation à la Grèce* (côté de la cour du Palais-

---

1. Les peintures de Delacroix qui composent la décoration de la Bibliothèque du Palais-Bourbon constituent un ensemble unique qui n'a jamais été reproduit : exécutées sur des surfaces concaves, placées très haut et mal éclairées, la photographie n'en pouvait donner que des images dénaturées.
C'est ce résultat, que la photographie était impuissante à atteindre, qu'a obtenu le crayon de M. Achille Sirouy, depuis longtemps familiarisé avec le maître. Malheureusement, le format de la *Revue* ne nous permettait pas de donner dans toute son ampleur cette œuvre immense.
Si réduits que soient les beaux dessins de M. Sirouy, la *Revue* aura du moins reproduit pour la première fois, dans leur intégralité, les vingt-deux peintures du Palais-Bourbon. — N. D. L. R.

Bourbon); le second, *Attila ramenant la barbarie sur l'Italie ravagée* (côté de la Seine). Les coupoles sont peintes à l'huile sur toile marouflée sur enduit. Chaque coupole, composée de quatre pendentifs, se rattache à un ordre d'idées qui embrasse toutes les formes idéales de la civilisation : Poésie, Théologie, Législation, Philosophie, Sciences. A l'intersection des

ALEXANDRE ET LES POÈMES D'HOMÈRE.

pendentifs sont des mascarons « que Delacroix a imaginés d'après des types rencontrés un peu partout sur son passage, et principalement parmi les travailleurs des champs ».

Voici les sujets des pendentifs des cinq coupoles :

1° *Alexandre et les poèmes d'Homère; l'Éducation d'Achille; Ovide chez les Barbares; Hésiode et la Muse.*

2° *Adam et Ève; la Captivité de Babylone; la Mort de saint Jean-Baptiste; la Drachme du tribut.*

3° *Numa et Égérie; Lycurgue consulte la Pythie; Démosthène harangue les flots de la mer; Cicéron accuse Verrès.*

4° *Hérodote interroge la tradition des Mages; les Bergers chaldéens inventeurs de l'Astronomie; Sénèque se fait ouvrir les veines; Socrate et son démon.*

L'ÉDUCATION D'ACHILLE.

5° *La Mort de Pline l'ancien; Aristote décrit les animaux que lui envoie Alexandre; Hippocrate refuse les présents du roi de Perse; Archimède tué par le soldat.*

C'était la seconde fois que Delacroix était appelé à décorer le Palais-Bourbon. De 1833 à 1837, il avait exécuté les peintures du salon du Roi, pour la somme de 30.000 francs. C'est à Thiers qu'il était redevable de ce travail mal rémunéré, mais qui lui permettait de montrer la puissance et la variété de son talent. Thiers, en 1822, avait écrit pour le *Constitutionnel* un compte rendu du Salon, où il louait Delacroix et son œuvre de début, *Dante et Virgile*. Il louait, dans la même page, Drolling, Dubufe, Destouches et Delacroix, comme le fait remarquer Théophile Silvestre, qui ajoute : « Tout cet article de M. Thiers, réputé remarquable et répété à satiété comme prophétique, n'est qu'une paraphrase prudhommesque de l'opinion du baron Gérard, de l'aveu de M. Thiers lui-même, qui dit à la fin de son article : « L'opinion que j'exprime ici est celle d'un des grands maîtres de l'École ». Tout de même, le critique devenu homme d'État resta acquis au peintre, et celui-ci dut probablement à cette sympathie persistante de pouvoir donner la meilleure preuve de son génie par ses décorations murales.

Dans la correspondance publiée ne se trouve aucune lettre à Thiers, mais dans le *Journal*, Delacroix note fréquemment qu'il dîne, qu'il passe la soirée chez l'homme politique. Voici, par exemple, un amusant récit du 26 janvier 1847 :

> Dîné chez M. Thiers. Je ne sais que dire aux gens que je rencontre chez lui, et ils ne savent que me dire. De temps en temps, on me parle peinture, en s'apercevant de l'ennui que me causent ces conversations des hommes politiques, la Chambre, etc.
> Que ce genre moderne, pour le dîner, est froid et ennuyeux ! Ces laquais, qui font tous les frais, en quelque sorte, et vous donnent véritablement à dîner... Le dîner est la chose dont on s'occupe le moins ; on le dépêche, comme on s'acquitte d'une désagréable fonction. Plus de cordialité, de bonhomie. Ces verreries si fragiles... luxe sot ! Je ne puis toucher à mon verre sans le renverser et jeter sur la nappe la moitié de ce qu'il contient. Je me suis échappé aussitôt que j'ai pu.

Le 21 février, il note qu'il n'y avait que Mme Dosne au dîner. Le 28 février : « Dîné chez M. Thiers ; j'éprouve pour lui la même amitié et le même ennui dans son salon. » Le 11 février 1849, il est en désaccord avec Thiers sur un projet de restauration du Musée, et il a avec lui une entrevue aigre-douce : « Il a sur le cœur mon opposition à ses désirs. J'étais en train de causer, et cela aura augmenté sa mauvaise humeur. Il ne m'a pas dit de revenir le voir et s'en est allé assez brusquement. » Trois jours après, Delacroix dîne chez Armand Marrast, président de l'Assemblée constituante, et il retrouve Thiers, qui a été, dit-il, « très froid avec moi, et plus que je ne le pensais encore. Je commence à croire ce que Vieillard me disait lundi chez C..., qu'il a l'esprit élevé et l'âme petite. Il devrait au fond m'estimer de la résistance que je lui ai opposée dans une chose qui choquait mes sentiments... Tant pis pour lui assurément ». Il semble qu'il y ait eu

ATTILA

A. Strouy, Lith.

Imp. Plaçe-graveur et Bataille Paris

Revue de l'Art Ancien et Moderne

alors une interruption, peut-être de plusieurs années, dans les relations entre Delacroix et Thiers, puisque nous retrouvons cette note à la date du 8 janvier 1855 : « Dîné chez Mme de Blocqueville avec Cousin... Je m'accroche à lui pour retourner chez Thiers ; il n'y était pas, ni sa femme. Mme Dosne m'invite pour le vendredi de la semaine suivante. » Le 20 janvier, Delacroix marque, en effet, qu'il a dîné chez Thiers avec Cousin et Mme de Rémusat. Le 30 janvier, il écrit que lorsqu'il fut revoir Thiers, « au retour de son petit exil, il déplora la mesquinerie des commandes qu'on me faisait ; à l'entendre, j'aurais dû avoir tout à faire et être magnifiquement récompensé ». Le 5 février : « Chez Thiers, le soir ; j'y suis resté très longtemps ; il m'a accaparé, et nous avons parlé guerre ; il a mis en poudre mon système. » En 1856, le 24 juin : « Chez Thiers, le soir. Je lui ait fait compliment de son conseil. » Puis, le 9 décembre : « Le soir, chez Thiers, il n'y avait que Roger. Je vois le portrait de Delaroche, faible ouvrage, sans caractère et sans exécution. On peut dire des choses fermes, raisonnables, intéressantes même, et l'on n'a pas fait cependant de la littérature ; ...en peinture de même. Le portrait flamand, en pied, d'un homme en noir, qu'il me montre, est admirable et plaira toujours, et cela par l'*exécution*. » En 1857, dans les notes qu'il rédige pour un dictionnaire des beaux-arts, Delacroix porte ce jugement : « J'en suis fâché pour mes contemporains. La postérité n'ira pas chercher dans ce qu'ils laisseront, ni surtout dans les portraits qu'ils auront faits d'eux-mêmes, des modèles de sincérité. Il n'y a pas jusqu'à l'admirable histoire de Thiers à porter l'empreinte de ce style pleurard, toujours prêt à s'arrêter en chemin pour gémir sur l'ambition des conquérants, sur la rigueur des saisons, sur les souffrances humaines. Ce sont des sermons et des élégies. Rien de mâle ou qui fasse l'effet uniquement convenable, et cela, parce que rien n'est à sa place ou en tient trop, et est déclamé en pédagogue plutôt que raconté simplement. » Le 5 mars de la même année, il écrit à regret sur le caractère de l'homme : « Je note ici ce qu'il faut reporter à l'un des jours du mois dernier, quand j'étais encore très faible et que je ne m'occupais guère à écrire dans ce livre : c'est la triste impression que j'ai reçue de la peinture que m'a faite du caractère de Thiers M. C. B..., qui vint me faire une petite visite. Il me l'a représenté comme le plus égoïste et le plus insensible des hommes, cupide, enfin le contraire de ce que je croyais et le moins capable d'affection. Ce serait, si j'arrivais à être convaincu de tout cela, une des plus grandes déceptions qu'il pût m'être réservé d'éprouver. La reconnaissance d'abord et l'affection que j'ai toujours eues pour lui sont des sentiments qui combattent chez moi en sa faveur. Je sais que, bien qu'il me reçoive toujours affectueusement, il ne m'a jamais recherché ; sa petite rancune, quand je

OVIDE CHEZ LES BARBARES.

lui tins tête, comme je le devais, pour son projet insensé de la restauration du Musée, exécutée en partie sur ses absurdes idées, me l'avait un peu gâté dans le temps de cette aventure ; mais depuis, je l'avais retrouvé comme auparavant, c'est-à-dire avec cet attrait qui m'a toujours attiré à lui... Je le plaignais devant C. B... de vivre au milieu de l'intérieur qu'il s'est fait, de passer sa vie avec des créatures aussi froides et aussi insipides. Tout cela, selon C. B..., ne lui fait absolument rien : il n'aime personne et n'est sensible qu'à ce qui le touche directement dans sa personne ou son amour-propre. » La dernière note du *Journal* sur Thiers est du 4 mai 1863, l'année de la mort de Delacroix. Il revient sur le mélange des styles et les réflexions hors de propos : « On n'écrit pas aujourd'hui un sermon, un voyage, un rapport même, sur la première affaire venue, où on ne prenne tour à tour tous les tons. Thiers lui-même, dans sa belle histoire, et tout imbu qu'il est

Hésiode et la Muse.

des traditions et des grands exemples de notre langue, n'a pu résister à ces péroraisons, fins de chapitres, réflexions entachées du style pleurard et sentimental. » Enfin, Thiers est nommé par Delacroix dans son testament, du 3 août 1863. L'artiste laisse un souvenir à celui qui l'a défendu et aidé : « A M. Thiers, un bronze de Germain Pilon et un petit lion antique également en bronze. »

II

Sur le sujet même de la décoration pour la Bibliothèque de la Chambre des députés, les *Lettres d'Eugène Delacroix* contiennent quelques indications précieuses. En 1837, il terminait la décoration du salon du Roi, et en 1838, lui venait la nouvelle qu'il allait être chargé d'un second travail. Il écrit alors à son ami Pierret :

Valmont, 5 septembre 1838.

Cher bon, nous sommes ici après maintes traverses et maintes excursions. La

La Captivité de Babylone.

nouvelle m'arrive, par le journal, que le ministre m'a chargé, par décision officielle, de la bibliothèque de la Chambre. Sois assez bon pour t'informer et m'informer le plus tôt possible si ce n'est une mystification. Elle me serait sensible.

Et quelques jours après, à Frédéric Villot :

Valmont, 13 septembre 1838.

... Avez-vous appris par les journaux que le ministère m'avait commandé la bibliothèque de la Chambre, au milieu de plusieurs autres commandes pour ledit lieu ? Je l'ai appris de même et j'en ai confirmation pleine et entière. Je me fais donc une fête de vous l'apprendre, si vous l'ignorez, car je ne doute pas que vous n'en soyez satisfait

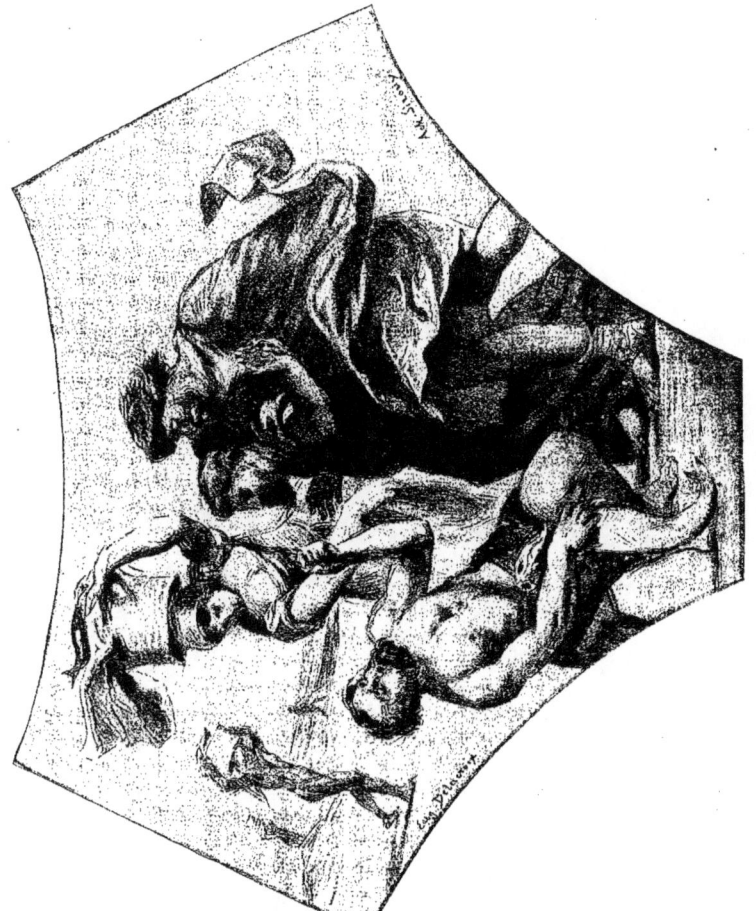

Eugène Delacroix. — La Drachme du tribut.
Coussure de la Bibliothèque du Palais-Bourbon.

pour moi. Vous connaissez le local; soyez donc assez bon, dans vos moments de loisir, pour vous creuser la tête sur le parti qu'on pourrait tirer de cela : cinq coupoles et deux hémicycles à chaque bout. Les sujets auxquels j'avais pensé ont des inconvénients, et si je trouve une idée meilleure je la prendrai, ce que je crois très possible. Ce sont des pendentifs, vous savez.

Il faudrait là une idée féconde, qui n'eût pas trop de réalité, pas trop d'allégorie, enfin qu'il y en eût pour tous les goûts. Je fais fort peu de chose ici. Je suis comme ces généraux d'armée qui s'endorment d'un sommeil profond à la veille d'une bataille. J'ai aussi à m'occuper d'une certaine *Prise de Constantinople* pour Versailles; tout cela veut dire que c'est moins le cas que jamais de devenir manchot. Il faudra plutôt mettre les bras d'autrui au bout des miens. Je vais tâcher de m'organiser en conséquence.

Au retour de Hollande, il écrit au comte de Montalivet, qui fut ministre de l'Intérieur du 15 avril 1837 au 31 mars 1839 :

Au ministre de l'Intérieur (3e division, 1er bureau).

Paris, ce 18 octobre 1838.

Monsieur le ministre, j'éprouve le besoin, dès mon arrivée à Paris, de vous exprimer ma reconnaissance pour la distinction flatteuse dont vous avez bien voulu m'honorer, en me choisissant pour exécuter les peintures qui doivent décorer la bibliothèque du palais de la Chambre des députés. Voudrez-vous bien recevoir en même temps l'assurance de tout l'empressement que je mettrai à me rendre digne de cette marque de votre bienveillance par le soin et l'assiduité que je m'efforcerai d'apporter à la conduite et à l'achèvement de travaux aussi importants ?

J'ai l'honneur d'être, avec un profond respect, Monsieur le ministre, votre très humble et très obéissant serviteur.

Eug. Delacroix.

Il a pour collaborateur Lassalle-Bordes, « peintre d'histoire, né à Bezolles, canton de Valence, département du Gers », et il lui écrit, le 11 octobre 1842, une lettre où il est question de la décoration de la Chambre des députés et de la décoration de la Chambre des pairs :

Mon cher Lassalle, je vous écris peut-être un peu tard, et vos arrangements sont peut-être pris pour rester chez vous encore quelque temps. J'ai toujours été, depuis que vous êtes parti, travaillant ou me délassant, à la campagne. D'où il résulte que j'ai avancé ma besogne et que, si vous pouviez revenir à temps, nous pourrions travailler à notre ébauche, et je pense que je suffirais également à cela et à ce qui me reste à faire pour la Chambre des Députés. Voyez si cela peut cadrer avec vos plans, surtout en considérant que vous avez votre tableau à finir.

Au même, le 5 novembre 1842 (il s'agit des pendentifs) :

... J'ai presque terminé mes figures pour la Chambre des députés; mais vous ne serez pas inutile pour y mettre sur place quelques touches. Je serai, je crois, aussi obligé de faire moi-même les masques, attendu que Delestre ne m'en paraît pas assez capable.

Au même, le 5 avril 1843 (l'hémicycle dont il s'agit est celui d'*Orphée*) :

Mon cher Lassalle, le plus court parti à prendre est de continuer notre hémicycle

Numa et Égérie.

tant que faire se pourra, et nous pouvons l'avancer notablement jusqu'au moment de reprendre nos autres travaux. Ainsi, quand je serai de retour, nous pourrons nous mettre à peindre les côtés sans les passer en grisaille, ce qui laissera au milieu le temps de sécher. Vous pourriez, en attendant, peindre le ciel et les astres, quand vous aurez achevé votre grisaille. Je serai sans doute lundi à Paris, et j'irai vous voir mardi matin. Mais allez toujours votre train. Je vous rapporterai les dessins nécessaires, pour les parties des côtés qui ne sont pas encore décidées.

En 1847, le 12 septembre, le travail fini, il écrit à son collaborateur :

... J'ai obtenu qu'on m'ôte les principales planches de l'échafaud des deux hémicycles de la Chambre des députés. L'*Orphée* est, comme je le craignais, trop en l'air ; mais avec quelques détails sur le devant, j'en tirerai parti tel qu'il est, et j'ai vu avec plaisir que les boursouflures n'avaient pas augmenté, ce qui fait qu'en les faisant réparer tout de suite et les laissant quelque temps, je verrai si je ne pourrais pas achever le tableau tel qu'il est, ce que j'espère fort. Le paysage de ce tableau vous réclame, et quand vous aurez du temps de libre, vous me ferez plaisir de m'y aider un peu. L'autre tableau (l'*Attila*) est fort bien, et nous n'y ferons pas de changements.

LYCURGUE CONSULTE LA PYTHIE

Delacroix donnait cinq cents francs par mois pour ses honoraires à Lassalle-Bordes, qui semble avoir été son principal collaborateur. Leur entrée en relations se fit en 1838, alors que Delacroix terminait le salon du Roi et cherchait un aide pour les deux bibliothèques de la Chambre des pairs et des députés. Dans une lettre adressée à Philippe Burty, éditeur de la correspondance de Delacroix, Lassalle-Bordes a donné d'intéressants détails sur la manière dont le maître l'avait associé, avec d'autres artistes, à ses travaux. Delacroix, tout d'abord, ouvrit un atelier. Puis il fit aller

Lassalle au Louvre pour y copier des fragments des *Noces de Cana* de Paul Véronèse, et après quelques travaux dans son atelier et l'exécution de quelques pendentifs pour la Chambre des députés, il le mit à la coupole du Luxembourg en 1840. La voûte de la Bibliothèque de la Chambre des députés vint après. Plusieurs élèves de l'atelier de Delacroix y travaillèrent. Si l'on en croyait Lassalle-Bordes, qui se brouilla avec son maître en 1853, Delacroix ne serait pas le principal auteur de son œuvre. Léger-Cherelle aurait ébauché le pendentif de *Socrate et son démon*. Planet aurait fait dans l'atelier ces quatre pendentifs : *Aristote décrit les animaux que lui envoie Alexandre; Lycurgue consulte la Pythie; Démosthène harangue les flots de la mer; la Drachme du tribut*. Lassalle-Bordes aurait retouché ces pendentifs sur place, et fait les suivants, d'après des croquis ou des esquisses : *Mort de Pline l'ancien; Hérodote interroge les traditions des Mages; les Bergers chaldéens inventeurs de l'astronomie; Sénèque se fait ouvrir les veines; Numa et la nymphe Égérie; Mort de saint Jean-Baptiste; Adam et Ève; la Captivité de Babylone; Ovide chez les Barbares; Hésiode et la Muse*. D'après Lassalle-Bordes, Delacroix ne peignit seul que : *Cicéron accuse Verrès; Archimède tué par le soldat; Alexandre et les poèmes d'Homère; Éducation d'Achille; Hippocrate refuse les présents du roi de Perse*. Et encore Lassalle-Bordes aurait retouché sur place l'*Hippocrate* et l'*Archimède*. Tout cela, naturellement, est sujet à caution. Quelle que soit, d'ailleurs, la part des exécutants, il suffit, pour connaître la part du créateur, de voir dans le catalogue de l'œuvre de Delacroix, dressé par M. Alfred Robaut, l'énumération des projets dessinés et peints pour la Bibliothèque de la Chambre.

Lassalle raconte en ces termes l'accident survenu à l'*Orphée* : « En avril 1843, j'étais occupé à peindre l'hémicycle de l'*Orphée*, à la Chambre des députés. Là nous était réservée une grande contrariété. Delacroix, pour assurer une plus grande durée à ses peintures, avait fait maroufler la toile sur les murs de cet hémicycle. Mais voilà qu'au plus fort de l'été une crevasse se manifesta à la voûte, du haut en bas, le fer et le bois qu'on avait employés pour sa construction ayant forcé en sens inverse, par l'effet de la chaleur. L'ébauche était avancée et réussie. On fut obligé de prendre le parti d'enlever la toile pour réparer le mur. Il reçut pour cela une indemnité convenable. Et puis, l'année suivante, je recommençai ce travail, cette fois

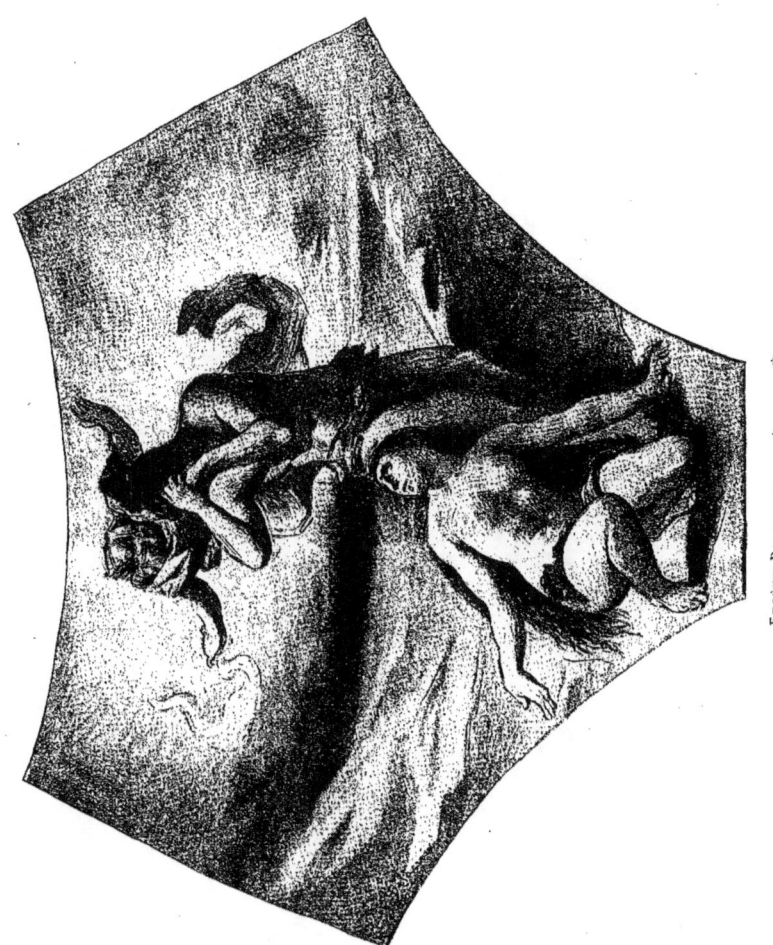

EUGÈNE DELACROIX. — ADAM ET ÈVE.
Voussure de la Bibliothèque du Palais-Bourbon.

sur le mur enduit d'une préparation à la cire. Mais autre ennui : la lézarde reparut l'année d'après, par la plus grande chaleur, et se refermait quand le temps redevenait plus froid. L'hémicycle d'*Attila*, qui fait face à celui d'*Orphée*, a été peint le dernier sur une préparation semblable. »

Sur la manière de travailler de Delacroix, Lassalle-Bordes fournit des renseignements précieux. Lorsqu'il n'était pas satisfait, il passait la palette à son élève, voyant plus clair dans les défauts d'un autre que dans les siens. Lorsqu'on voulait lui faire refaire quelque détail défectueux de forme, il répondait : « Que voulez-vous ? c'est de moi, on y est habitué ; et puis, en voulant corriger, je perdrais quelque chose de l'harmonie et du mouvement ; l'important n'est pas tant le fini d'un pied ou d'une main que l'expression d'une figure par le mouvement. Et puis, cela ne peut se faire qu'à l'aide d'un modèle qui ne vous donne presque jamais ce qui vous conviendrait. Une main, mais une main doit parler comme un visage ! » Lassalle-Bordes ajoute : « Il fallait que sa palette fût préparée avec beaucoup de soin. Il avait dressé sa gouvernante à la faire et à la défaire ; elle s'en tirait à merveille. Avant de peindre, il composait un grand nombre de tons sur sa palette, qu'il opposait avec un art infini, qui facilitaient la promptitude de l'exécution. Il m'en a donné la clef, sans réserve aucune, cela étant nécessaire pour l'aider comme il le voulait dans nos travaux. Il s'interrompait souvent et reposait ses nerfs en fredonnant quelque air avec une guitare, puis reprenait presque aussitôt la palette et peignait quelques instants encore avec une verve toute fébrile... Il composait ses tableaux avec une extrême facilité ; mais avant, il feuilletait tous ses cartons, qui renfermaient beaucoup de gravures de différentes écoles ; cela fouettait son imagination. Et puis, il prenait tout ce qui était à la convenance de son sujet, des figures et des groupes entiers, sans le moindre scrupule, qu'il transformait à la vérité au point de rendre ses larcins méconnaissables. Raphaël, du reste, me disait-il, n'a pas fait autrement, avec tout ce que nous connaissons de l'antiquité, qu'il s'est appropriée, et tant d'autres ! »

Sur le caractère de Delacroix, Lassalle-Bordes écrit : « Bien que très clairvoyant et très fin à la fois, il lui est arrivé cependant d'être trompé par des imbéciles dont il ne se méfiait pas ; mais il a trompé plus qu'il n'a été trompé. Homme bien élevé, il savait être ce qu'il voulait, dissimulé sous les apparences de la franchise ; artiste par-dessus tout et avide de succès, il a tout sacrifié à l'étude. »

Le maître et l'élève-collaborateur se brouillèrent, comme je l'ai dit, en 1853. Lassalle-Bordes affirme que Delacroix lui fit retirer un travail au Conseil d'État. Aucune réponse à une telle allégation, ni dans le *Journal*,

DÉMOSTHÈNE HARANGUE LES FLOTS DE LA MER.

ni dans les *Lettres*. Une seule allusion est faite au caractère de Lassalle dans un billet du 1ᵉʳ décembre 1850, au peintre Andrieu, autre élève de Delacroix qui devint son collaborateur :

.... J'ai eu des nouvelles de Lassalle par lui-même depuis qu'il vous a endoctriné. Il m'a écrit la lettre la plus aimable pour me demander de le protéger, etc., m'assurant que je ne trouverais pas en lui un ingrat. Je sçais à quoi m'en tenir sur sa sincérité. Nous en reparlerons.

C'est tout pour ce qui concerne Lassalle-Bordes.

LES PEINTURES D'EUGÈNE DELACROIX

III

Le *Journal* dit quelque chose de plus sur le travail fait à la bibliothèque de la Chambre des députés.

Le 8 février 1847, Delacroix note qu'il a travaillé au grand hémi-

ARCHIMÈDE TUÉ PAR LE SOLDAT.

cycle d'Orphée, à la femme portant le petit enfant, et à l'enfant par terre, puis à l'homme au-dessus du centaure.

Le 10, il travaille aux « hommes du milieu » et marque cette observation : « Ton local de la nymphe debout dans l'*Orphée* : *vert émeraude*, *vermillon* et *blanc*; plus de *blancs* dans les chairs. Deuxième nymphe : *ton orangé* et *vert émeraude*.

Le 4 mars :

Retourné à la Chambre et pris la résolution de faire mon ménage de peintre moi-même ; je m'en suis fort bien tiré et j'y gagnerai de la liberté. C'était la onzième fois que j'y retournais, et le tableau est déjà bien avancé. Travaillé surtout à l'*Orphée*. Ces ébauches, avec le ton et la masse seule, sont vraiment admirables pour ce genre de travaux sur parties comme des têtes, par exemple, préparées par une seule tache à peine modelée. Quand les tons sont justes, les traits se dessinent comme d'eux-mêmes. Ce tableau prend de la grandeur et de la simplicité ; je crois que c'est ce que j'ai fait de mieux dans le genre.

Cicéron accuse Verrès.

Le 10 mars :

Hésitation jusqu'à midi et demi. Je suis allé à la Chambre à cette heure et j'ai travaillé raisonnablement les hommes à la charrue, la femme et les bœufs.

Le 14 mars, Delacroix va chez Corot, où il admire mieux les tableaux déjà vus au Musée, entre autres le *Baptême du Christ,* dont il trouve les arbres superbes :

Je lui ai parlé, dit-il, de celui que j'ai à faire dans l'*Orphée*. Il m'a dit d'aller un peu devant moi, et en me livrant à ce qui viendrait ; c'est ainsi qu'il fait la plupart du temps... Il n'admet pas qu'on puisse faire beau en se donnant des peines infinies.

Titien, Raphaël, Rubens, etc., ont fait facilement. Ils ne faisaient à la vérité que ce qu'ils savaient bien ; seulement leur registre était plus étendu que celui de tel autre qui ne fait que des paysages ou des fleurs, par exemple. Nonobstant cette facilité, il y a toutefois le travail indispensable. Corot creuse beaucoup sur un objet. Les idées lui viennent, et il ajoute en travaillant ; c'est la bonne manière.

HÉRODOTE INTERROGE LES TRADITIONS DES MAGES.

Le 15 mars :

Grenier venu à la Chambre. Il est venu me joindre. Après avoir servi d'enclume, je vais, selon lui, servir de marteau. Le *Sénèque* est une de ses préférences ; il aime le *Socrate* pour la couleur. C'était la quatorzième fois !... J'ai peu travaillé, à cause de cette interruption ; j'ai pris le groupe des déesses en l'air.

Le 7 avril :

Travaillé quelque peu à l'esquisse des *Bergers chaldéens*, que j'achève un peu d'après le pastel qui m'avait servi. J'ai été forcé de l'interrompre.

Le 14 juin :

Travaillé à la Chambre. Ébauché le groupe des *Barbares* du devant (hémicycle d'*Attila*).

Le 27 juin :

Travaillé à la Chambre. Fait les deux cavaliers *(Attila)*.

Le 2 septembre :

Travaillé à la Chambre. Je ne sortirai pas, je crois, de cet *Attila* et de son cheval.

Le 5 octobre :

Villot venu me voir ; nous avons parlé du procédé de la figure de l'*Italie* (hémicycle d'*Attila*). J'ai été reprendre mon travail pour la première fois, depuis le 12 septembre. Je suis satisfait de l'effet de cette figure. Toute la journée, j'ai été occupé, et très agréablement, d'idées et de projets de peintures relatives à cela. J'ai peint en quelques instants la petite figure de l'homme tombé en avant percé d'une flèche. Il faudrait faire aussi des tableaux esquisses, qui auraient la liberté et la franchise du croquis. Les petits tableaux m'énervent, m'ennuient ; de même les tableaux de chevalet, même grands, faits dans l'atelier ; on s'épuise à les gâter. Il faudrait mettre dans de grandes toiles, comme Cournault me disait qu'était la *Bataille d'Ivry*, de Rubens, à Florence, tout le feu que l'on ne met d'ordinaire que sur des murailles. La manière appliquée à la figure de l'*Italie* est très propre pour faire des figures dont la forme serait ainsi rendue que l'imagination le désire, sans cesser d'être colorées, etc... La cire m'a beaucoup servi pour cette figure, afin de faire sécher promptement et revenir à chaque instant sur la forme. Le *vernis copal* peut remplir cet objet ; on pourrait y mêler de la cire.

IV

Ce que sont ces peintures, exécutées par Eugène Delacroix pour décorer la bibliothèque de la Chambre des députés, on peut affirmer que peu de personnes le savent. Elles sont sous séquestre depuis plus d'un demi-siècle, depuis le règne de Louis-Philippe. La prison où elles sont enfermées est spacieuse et luxueuse, défendue par une armée de fonctionnaires, de gardiens, de garçons de bureau, et de législateurs. Le public est tenu rigoureusement à l'écart. Il faut, pour contempler l'œuvre capitale de Delacroix, obtenir une permission, comme s'il s'agissait d'aller visiter des prisonniers au parloir, et encore cette permission n'est-elle délivrée qu'à une certaine époque de l'année.

De temps en temps, quelqu'un se préoccupe du sort infligé à cette série de chefs-d'œuvre. Non seulement les peintures d'Eugène Delacroix sont condamnées à la réclusion à perpétuité, mais elles sont encore exposées à toutes les avaries, à toutes les rigueurs du temps. Aussi annonce-t-on parfois qu'il va leur être donné des soins indispensables : on va les nettoyer, les débarrasser de la couche de fumée, de poussière, de toiles d'araignées,

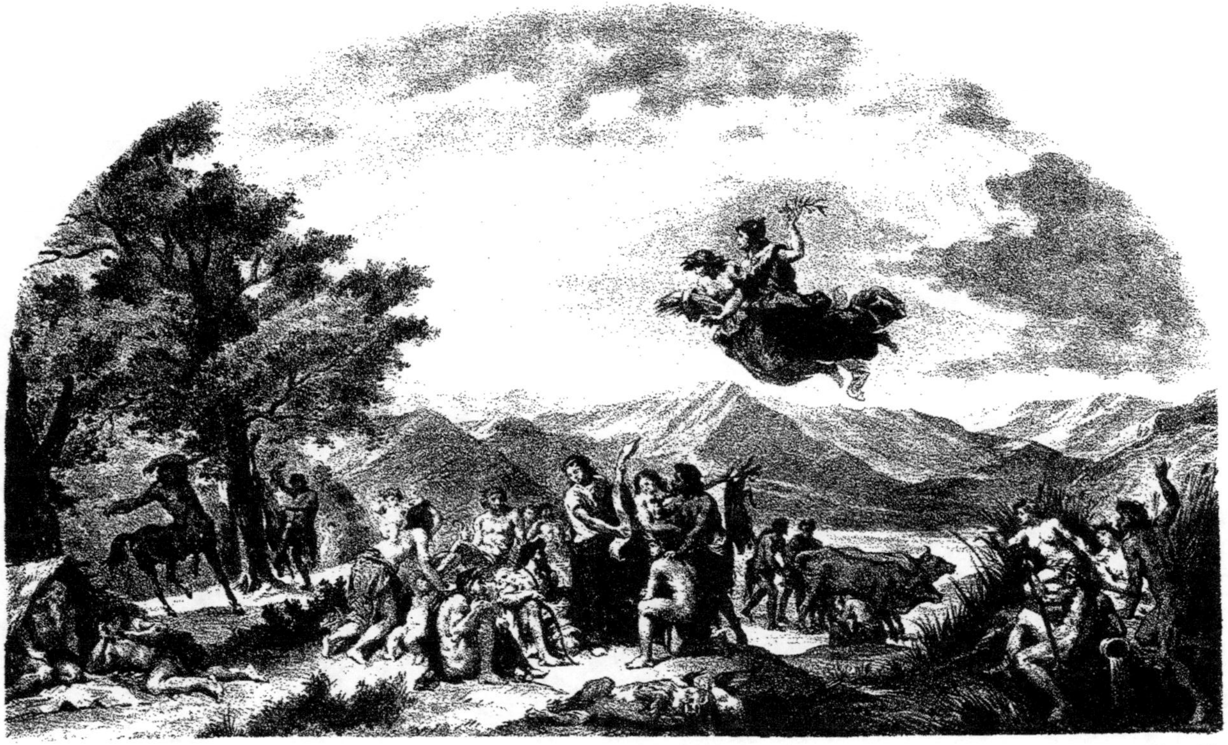

A Sirouy lith.

ORPHÉE

Revue de l'Art Ancien et Moderne.

Imp. R. Engelmann (Atelier Belfond), Paris.

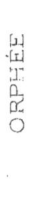

qui s'accumulent sur elles. Après quoi, on verrouille de nouveau les portes infranchissables de leur cachot.

On sait donc vaguement que ces peintures existent et qu'elles constituent le plus bel exemple décoratif de la première moitié du xix° siècle. Mais combien, parmi ceux même qui connaissent leur existence, peuvent se vanter de les avoir vues ? L'œuvre de Delacroix ne reçoit pas un regard. Ceux pour qui elle a été faite ne peuvent pas lui apporter quand bon leur semble le tribut de leur admiration. Dans la grande salle pleine de livres, quelques employés travaillent paisiblement. Parfois, un honorable qui prépare un discours ou soutient une discussion entre précipitamment, ouvre un livre, prend une note, et sort plus vite encore qu'il n'est entré. En haut, dans l'ombre grise qui s'amasse sous les coupoles, les cavaliers continuent leur course forcenée, les penseurs méditent, les poètes chantent, la chair des femmes rayonne, pendant que la solitude devient plus morne, le silence plus stupéfiant et plus lourd.

Quelle décoration le gouvernement de Louis-Philippe reçut-il de Delacroix pour cette salle annexe de la Chambre des députés ? Que sont donc ces peintures, reléguées dans cette cachette où quelques-uns seulement peuvent pénétrer ?

C'est l'histoire des premiers âges de l'humanité, c'est le résumé de la bataille livrée par l'homme à la nature, c'est l'histoire de l'homme civilisé par l'art et par le livre, et se dressant contre l'homme resté à l'état d'ignorance et de barbarie, c'est la lutte de l'écrit contre le glaive, de la pensée contre la force. Aucune décoration ne pouvait mieux s'approprier aux murailles d'une bibliothèque. Delacroix a abordé l'histoire de ce cycle héroïque avec la perception la plus nette des idées à exprimer, et il l'a interprétée avec une science de composition, de mouvement et de couleur, qui en font une œuvre géniale, la seule, avec l'œuvre de Puvis de Chavannes, que l'école française du xix° siècle puisse mettre en regard des pages écrites par l'Italie sur les murailles de ses palais, de ses églises et de ses cloîtres.

Dans le cadre des pendentifs de forme irrégulière, couvrant un espace restreint des coupoles, le peintre a ouvert des perspectives immenses. Devant le décor éternel de la nature, il a évoqué les changeantes manifestations de l'esprit humain. Les bergers chaldéens, inventeurs de l'astronomie, immobiles devant l'étendue lumineuse, ont la face levée vers les étoiles. Hésiode dort, à l'ombre d'un buisson, sa houlette abandonnée, et la Muse vole vers lui, légère, vient toucher son front, faire du pasteur un poète. Ovide est chez les Barbares, un chien vient le flairer, un enfant, une femme, un homme, s'approchent, lui présentent à boire et à manger. Lycurgue consulte la Pythie, juchée sur son trépied, dans la fumée des

Les Bergers Chaldéens inventeurs de l'Astronomie.

parfums, il apporte la branche d'olivier et désigne du geste le chevreau des sacrifices. Achille s'en va au galop du centaure et lance sa flèche vers la proie qui lui est désignée. Aristote observe les animaux que lui envoie Alexandre, la chèvre, le chevreau, le poulain. Hérodote gravit les degrés au haut desquels se tiennent les Mages. Hippocrate refuse les présents du roi de Perse, les vases, les coffrets, l'or et des matières précieuses, pendant que les envoyés s'exclament. Alexandre se fait apporter les poèmes d'Homère. Démosthène déclame, sa tunique est agitée par le vent, ses paroles s'envolent en un frais paysage de mer. Socrate, rude, sérieux, bonhomme, écoute son démon familier, une femme volant au-dessus de lui, timide et charmante, qui le console, l'inspire, l'anime. Archimède est au travail, pendant que, par la fenêtre ouverte, un soldat inconscient lève sur lui sa lance, va frapper l'esprit qui cherche.

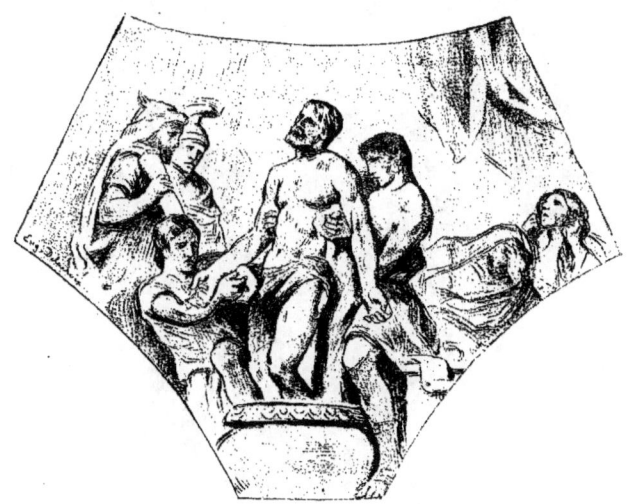

Sénèque se fait ouvrir les veines.

Après la Grèce, Rome. Cicéron se lève contre Verrès, et tout l'orateur est en action, tout parle en lui, le profil net, le doigt tendu. Numa contemple Égérie, coquette, un pied dans l'eau. Pline dicte ses observations et retourne la tête vers le flot de lave qui va l'anéantir. Sénèque, debout dans la cuve, les veines ouvertes, soutenu par ses serviteurs, les genoux fléchissants, lève une face tranquille parmi les visages tristes et éplorés de ceux qui l'entourent.

La Bible et le Nouveau Testament fournissent quatre sujets. Adam et

Ève, Ève agenouillée, le visage non repentant, Adam debout et pleurant, quittent l'Éden chassés par l'ange dont le poing brandit une flamme. Les captifs de Babylone, un homme, une femme, un enfant, sont tristement assis sous le saule où la harpe est suspendue, pendant que d'autres, au loin, sont étendus ou errants le long des rivages. Salomé tend le plat où

SOCRATE ET SON DÉMON.

l'exécuteur met la tête sanglante de Jean-Baptiste. Saint Pierre trouve dans un poisson la drachme pour payer le tribut.

Chaque expression, chaque geste de ces tableaux disent, avec force et simplicité, tout l'essentiel. Le caractère asiatique, grec, romain, juif, est écrit avec cette savante divination, cette brûlante ardeur, que Delacroix apportait à pénétrer l'histoire. Les paysages sont grands, émouvants, aérés, délicieux.

Aux deux extrémités de la salle, deux hémicycles en quart de sphère développent deux fresques : *Orphée vient policer les Grecs encore sauvages*

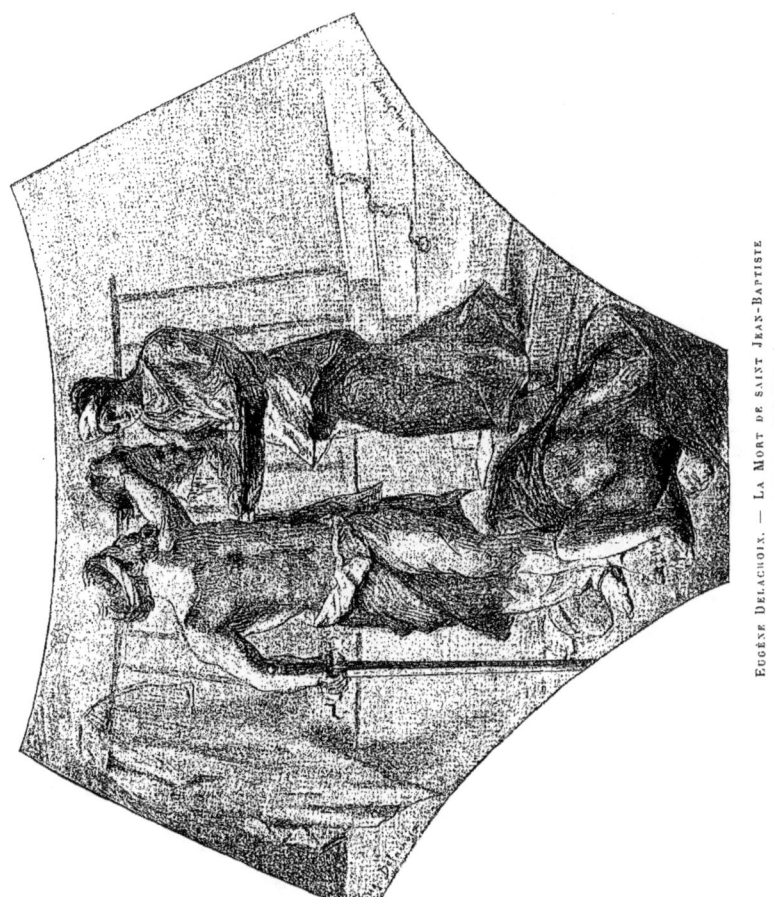

Eugène Delacroix. — La Mort de Saint Jean-Baptiste
Voussure de la bibliothèque du Palais-Bourbon.

et leur enseigner les arts de la paix et *Attila suivi de ses hordes foule aux pieds l'Italie et les arts*. L'artiste a ainsi rendu visible toute l'histoire par une magnifique synthèse picturale : nous avons devant nous la Paix et la Guerre.

Rien de plus doux, de plus reposé, que ce paysage grec au milieu duquel Orphée préside une assemblée paisible. Les bois et les collines sont entourés de vapeurs bleuâtres. Un arbre se dresse en avant du grand ciel lumineux. Les personnages vivent dans un air léger et doré. Ces personnages se groupent autour d'Orphée lisant son poème : ce sont des chasseurs, des laboureurs, deux qui conduisent des bœufs, un autre qui écorche une bête, des hommes vêtus de peaux de bêtes à l'entrée d'une hutte, d'autres qui écoutent, assis, agenouillés, tenant l'arc, portant le sanglier. Au ciel volent des déesses, Minerve tenant le rameau d'olivier, et Cérès sa gerbe. La douceur et la force ont mis leur empreinte sur cette peinture, majestueuse comme la nature au repos, harmonieuse comme un chant.

En face, dans l'*Attila*, la guerre déchaîne ses fureurs et brûle de toutes ses flammes. Des cavaliers, lancés au galop de chevaux enragés, chassent des hommes, des femmes, des enfants affolés, laissent derrière eux des écroulements et des incendies, que l'on aperçoit à travers la poussière soulevée et la vapeur qui sort des ruines. Sous un nuage couleur de soufre et de fumée, apparaît en une lugubre apothéose, Attila, le « Fléau de Dieu », sauvage, implacable, et en même temps méditatif et morose, coiffé d'une tête de loup, se frayant un chemin au milieu des cadavres, des statues et des chapiteaux brisés. Le cheval, petit, poilu, la crinière droite, sans bride ni mors, est plus effrayant encore que son maître. Comment exprimer sa couleur livide, son air de réflexion féroce ?

C'est ce cheval, a écrit M. Camille Pelletan, qui a inspiré à M. Thiers un des mots les plus intelligents qu'il ait dits en matière d'art. Comme il cherchait à faire partager son admiration à un député du temps de Louis-Philippe, celui-ci objecta : « Je n'ai jamais vu un cheval fait comme cela. » Sur quoi M. Thiers : « Vous voulez donc avoir vu le cheval d'Attila ? »

V

Tel est, brièvement indiqué, cet ensemble admirable. Il s'agit de savoir, en conclusion, non seulement si cette œuvre de Delacroix continuera à être sacrifiée, mais encore si elle sera un jour à jamais perdue. Maintes et maintes fois, des bruits alarmants ont couru, puis une certitude s'est faite : les coupoles se lézardent, la peinture s'écaille, ces splendeurs peuvent se changer en ruines. Il y a une vingtaine d'années, on voulut agir, et naturellement on nomma une commission. Le mal était trop flagrant, il n'y avait

La mort de Pline l'Ancien.

qu'à ouvrir les yeux : aussi la commission exprima-t-elle immédiatement son opinion, ou plutôt deux opinions différentes furent-elles exprimées par les deux sous-commissions de la commission, car celle-ci s'était divisée en deux groupes, l'un qui devait s'occuper du monument, l'autre des peintures. Le rapporteur de la première sous-commission était Charles Garnier, lequel exposa avec une aimable désinvolture qu'il n'y avait qu'à laisser les choses en l'état. Je crois devoir citer au moins la conclusion de ce plaidoyer invraisemblable pour le *statu quo* :

Il faut donc se résigner et laisser les coupoles dans leur état actuel, qui, au surplus, n'est pas trop effrayant. Il y a peu de peintures murales qui, au bout d'un certain temps, ne soient plus ou moins éprouvées ; mais l'aspect général de l'œuvre n'en est guère détruit, et même on pourrait dire que ces accidents donnent parfois à la décoration un certain charme et un certain caractère. Michel-Ange n'a-t-il pas peint lui-même des lézardes feintes sur la voûte de la chapelle Sixtine ? et il semble que ces arrêts dans la peinture donnent à celle-ci plus de fermeté...

HIPPOCRATE REFUSE LES PRÉSENTS DU ROI DE PERSE.

On voit que Charles Garnier prenait gaiement son parti de l'aventure. Il est probable que Delacroix, comme Michel-Ange, aurait préféré des lézardes factices. Mais il n'y a pas seulement le danger des crevasses : si les pendentifs sont peints sur toile, l'*Orphée* et l'*Attila* sont peints sur cire ; la couleur n'a pas adhéré sur tous les points de cette surface lisse, elle se boursoufle par places et tombe par larges écailles. Mais je veux citer maintenant les conclusions de Philippe Burty, rapporteur de la sous-commission des peintures :

A l'unanimité des membres présents dans la sous-commission de peinture, —

dit-il, — nous croyons que les graves altérations qui avaient éveillé l'attention du bureau de la Chambre sont de nature à légitimer l'inquiétude, à provoquer de prompts secours.

Quelles que soient les conclusions de nos confrères dans cette commission, nous n'étions consultés que sur l'état actuel des peintures et sur les moyens qui pourraient en entraver la décomposition, en conjurer la ruine.

Les pendentifs peints sur toile et marouflés n'auraient à subir qu'un nettoyage et des retouches sans gravité.

Mais il serait utile de vérifier sur place l'état des toiles, de ne point hésiter à les détacher au besoin, pour constater si le mur n'est pas en mauvais état et si les toiles elles-mêmes n'ont pas subi d'altération, soit par suite du travail des fissures, soit par suite d'infiltration.

Cette opération qui, en quelques cas, pourrait être suivie de nettoyage, est à étudier sur place.

En même temps, il est utile qu'il en soit pris actuellement des copies. Si le *Martyre de saint Pierre*, brûlé dans la sacristie d'une église à Venise, survit autrement que dans la mémoire de la dernière génération qui l'a salué, c'est par les copies qui en avaient été faites par des contemporains, alors que l'esprit du dessin, de la couleur, des procédés du Titien, vivait encore dans les cerveaux et sur les palettes, et encore par la copie que M. Charles Blanc en demanda à M. Appert en 1848.

Pour les deux hémicycles, la question est plus grave, plus pressante. Le mode seul de la peinture à la cire les met en danger. Sans insister sur la forme concave qu'elles affectent, ni sur les détériorations manifestes qu'elles ont déjà subies, nous en proposerions tout d'abord des copies exactes. Puis, les copies vérifiées, il serait utile de les reporter sur une toile, opération qui, livrée à des restaurateurs prudents et habiles, n'offre point de dangers sérieux. Ces toiles, marouflées sur la surface, offriraient un nouveau bail, et s'il arrivait un de ces désastres dont les exemples se multiplient et doivent rendre pratique notre admiration, au moins nos musées perpétueraient-ils une traduction aussi exacte que possible de chefs-d'œuvre trop peu connus du public, mais qui tiennent la plus haute place dans l'estime de l'école actuelle de critique.

A la suite de ces rapports de Charles Garnier et de Philippe Burty, il y en eut un autre, de M. G. Hubbard, rapporteur général, qui invitait les questeurs de la Chambre à faire exécuter les travaux d'architecture, à faire procéder au nettoyages et aux raccords des pendentifs, à faire copier sur toile les peintures des hémicycles, de façon que ces copies puissent être adaptées à l'emplacement qu'occupent les originaux, etc.

Je ne crois pas qu'aucune de ces décisions ait jamais été exécutée. On n'a même pas procédé à un lavage qui aurait permis de voir l'œuvre de Delacroix telle qu'elle a été peinte par lui, car toutes ces peintures aux douces demi-teintes, aux ombres transparentes, sont fortement encrassées.

Eugène Delacroix. — Aristote décrit les animaux que lui envoie Alexandre.
Voussure de la Bibliothèque du Palais-Bourbon.

Le *Démosthène*, par exemple, est devenu noir; l'*Ève*, dont la chair était autrefois blonde, est aujourd'hui bitumineuse. Pour le travail des raccords, il serait plus délicat à entreprendre. Il aurait fallu le confier à Pierre Andrieu, un des plus chers élèves de Delacroix, qui avait la tradition de sa manière, mais Andrieu est mort depuis quelques années, et le choix d'un artiste devrait être réfléchi. Il faut connaître la palette du maître, il faut savoir qu'il peignait les tons locaux rouges, les ombres violettes, les demi-teintes bleues, les reflets verts, et se préoccuper de la qualité et du mode d'emploi du vernis. Delacroix se plaignait du vernis jaune qui dénaturait sa couleur, rendait vertes les demi-teintes bleues, oranges les tons locaux rouges, etc.

Quant aux copies, il est heureux, à mon sens, qu'elles n'aient pas été entreprises dans les conditions indiquées. Faire faire des copies et attendre, pour les mettre en place, que les originaux soient tombés en miettes, c'est là une solution au moins bizarre. On n'a pas le choix des partis à prendre, il n'y en a qu'un : sauver les originaux, les enlever de la place où ils sont, puisqu'ils ne peuvent y rester sans danger, et mettre immédiatement des copies à leur place.

Détacher des peintures peintes sur cire ou sur plâtre est possible. L'opération consiste à coller une quinzaine de feuilles de papier sur la peinture, à maintenir ce papier par une charpente de minces planchettes, puis à détacher le plâtre derrière la peinture qui se trouve collée sur le papier et que l'on peut transporter par bandes sur toile.

Ce système est le seul à adopter pour deux raisons : la première, qui serait suffisante, est que c'est le seul moyen de sauver les peintures de Delacroix d'une destruction certaine, quelle que soit la longueur de l'échéance ; la seconde, c'est que ces peintures sont mal placées à la Chambre. Je sais bien que les œuvres décoratives devraient rester dans le milieu pour lequel elles ont été faites, et que des œuvres faites pour les plafonds et les coupoles d'un monument perdront de leur signification dans un musée. Mais je me réponds à moi-même qu'une telle œuvre, ainsi mise en interdit, a été faite pour la nation et non pour quelques privilégiés. Va-t-on laisser toujours ignorer à ceux qui sont avides de belles distractions, d'art, de savoir, les grandes conceptions de l'un des maîtres de ce siècle et de tous les temps ? Au moins, délivrez ces chefs-d'œuvre.

Que la foule ne puisse pénétrer à la Chambre pendant les travaux des séances et des commissions, cela n'a pas à être discuté, mais que la plus large hospitalité lui soit donnée, sans demandes et sans cartes, pendant les vacances parlementaires, et tous les dimanches, où le travail législatif chôme, voilà qui est la revendication d'un droit légitime. Il n'est pas difficile de tracer un chemin aux visiteurs respectueux et de mettre un gardien de place en place.

Delacroix n'a pas conçu et exécuté son œuvre pour la solitude, le silence, la poussière, la mort. En attendant la solution qui est probablement fatale, c'est-à-dire le transfert de cette œuvre dans un musée, rendez-lui la vie en rompant le charme de ce sommeil d'un demi-siècle. Qu'elle cesse d'être l'ornement de salles closes pour resplendir aux yeux de tous.

www.ingramcontent.com/pod-product-compliance
Lightning Source LLC
LaVergne TN
LVHW021719080426
835510LV00010B/1044